Lightning Source UK Ltd.
Milton Keynes UK
UKHW020634301220
376134UK00012B/1065

9 781716 303876